Coole Scoubidou im Frühling

Jetzt kommen die farbenfrohen und lustigen Frühlingsboten aus Scoubidoubändern! Nun kannst du Hasen, Blumen, Eierbecher und -löffel oder Karotten knüpfen und zum Beispiel einen peppigen Ostertisch zaubern. Auch als ganz besondere Ostergeschenke oder ausgefallene Dekorationen eignen sich die coolen Frühlingsscoubidou ganz toll.

Ich wünsche viel Spaß beim Knüpfen und Flechten mit den bunten Scoubidoubändern!

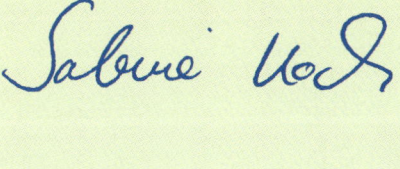

Sabine Koch

Die Motive lassen sich in folgende Schwierigkeitsgrade unterteilen:
◉ ○ ○ einfach　　◉ ◉ ○ etwas schwieriger　　◉ ◉ ◉ anspruchsvoll

DIE WICHTIGSTEN MATERIALEN

- Scoubidoubänder mit und ohne Glitter in verschiedenen Farben und Längen
- Rocailles in verschiedenen Farben, ø 2,6 mm
- Holzperlen
- Silberdraht, ø 0,6 mm und 1 mm
- Wackelaugen in verschiedenen Größen
- Accessoires wie Schlüsselanhänger, Handy-Ösen und Saugnäpfe

Hinweis: Genaue Materialangaben findest du bei jedem Scoubidou. Alle Farbangaben sind natürlich nur Vorschläge. Wähle deine Lieblingsfarben aus oder probiere, welche Farben am besten zusammenpassen.

Folgende **WERKZEUGE** und **HILFSMITTEL** benötigst du für fast jedes Scoubidou. Sie werden in den Materiallisten daher nicht aufgeführt:

- Schere
- Pinzette
- Kneifzange
- Drahtzange
- Alleskleber, Sekundenkleber
- Handbohrer
- Stopfnadel
- Stecknadeln

So geht's

Man unterscheidet zwischen rund und eckig geknüpften Scoubidou. Für beide Knüpfarten sind die folgenden Anfänge geeignet:

Anfang A: Die Bänder, die du benötigst, auf einer bestimmten Länge zusammenknoten.

Anfang B: Beim Knüpfen mit vier oder sechs Bändern um ein Band oder zwei Bänder in der Mitte ein weiteres Band schlingen. So erhältst du vier bzw. sechs Enden.

Anfang B für vier Bänder:

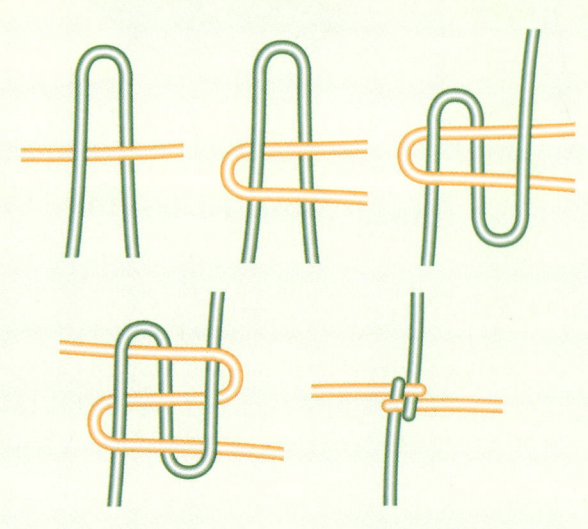

Anfang B für sechs Bänder:

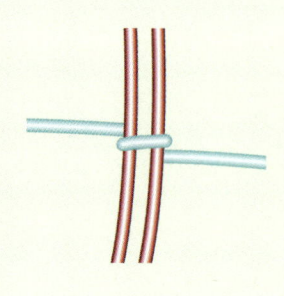

Anfang C: Beim Knüpfen mit acht Bändern vier Bänder ineinander schlingen, so erhältst du acht Enden.

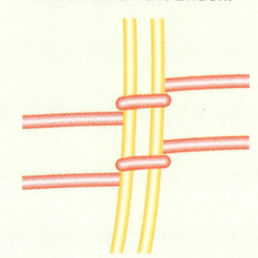

Technik 1: Eckiges Scoubidou mit vier Bändern

1 Die Bänder durch Anfang A oder B miteinander verbinden. Dann die Bänder a und b über die Bänder c und d zu Schlaufen legen.

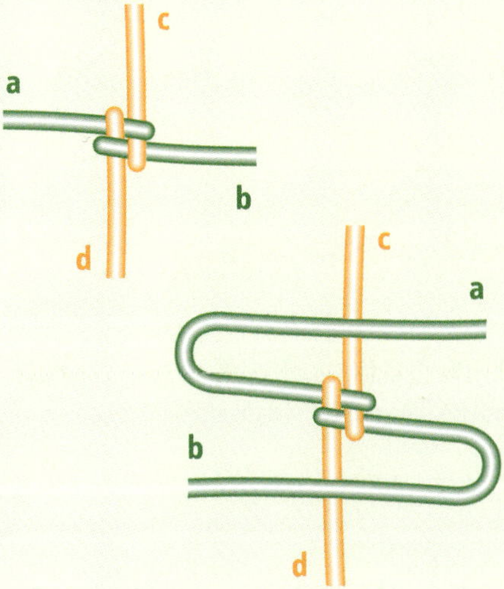

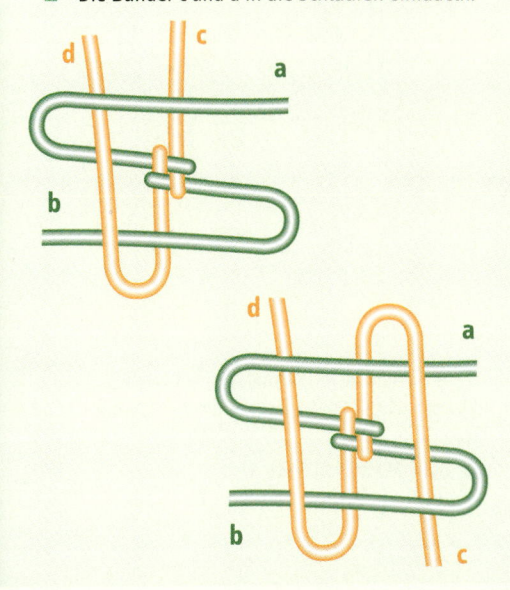

3 Die Bänder festziehen. Es entsteht ein quadratischer Knoten.

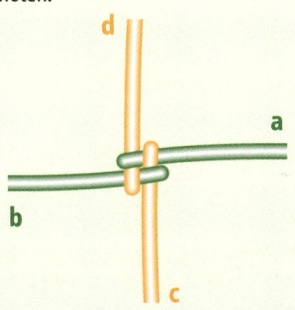

2 Die Bänder c und d in die Schlaufen einfädeln.

4 Den zweiten und alle weiteren Knoten knüpfst du gemäß der Zeichnung. Damit das Scoubidou eckig wird, musst du darauf achten, dass ein Bandende immer auf dieselbe Seite wie beim vorangegangenen Knoten gelegt wird. So fährst du fort, bis du die gewünschte Länge erreicht hast.

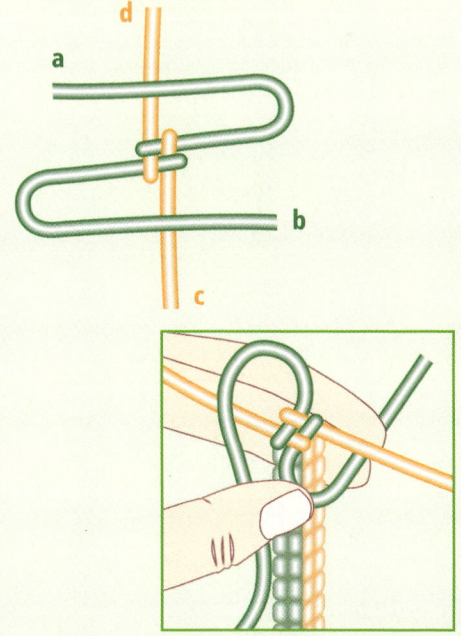

Technik 2: Rundes Scoubidou mit vier Bändern

1 Die Bänder durch Anfang A oder B miteinander verbinden.
Der erste Knoten wird genau wie beim eckigen Knüpfen mit vier Bändern angefertigt. Also die Bänder a und b über die Bänder c und d zu Schlaufen legen.

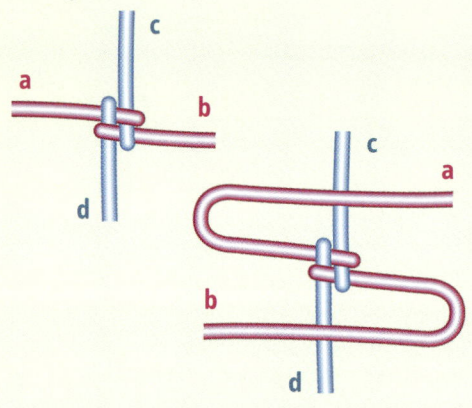

2 Die Bänder c und d in die Schlaufen fädeln und festziehen. Es entsteht ein quadratischer Knoten.

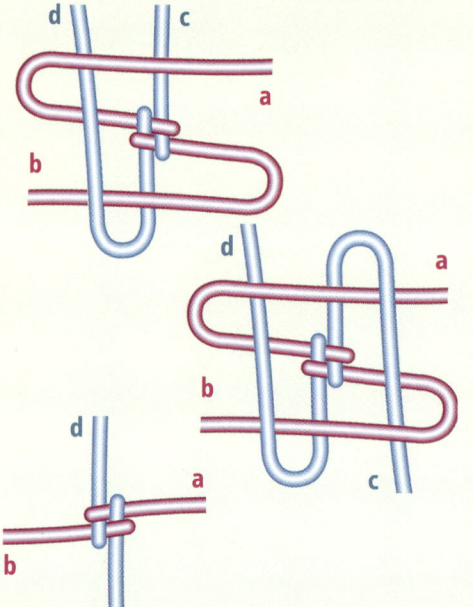

3 Die Bänder a und b diagonal über die Bänder c und d zu Schlaufen legen.

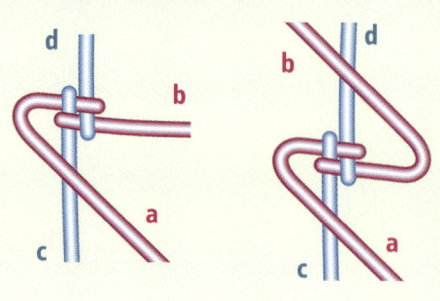

4 Die Bänder c und d in die Schlaufen einfädeln und festziehen. So entsteht ein runder Knoten.

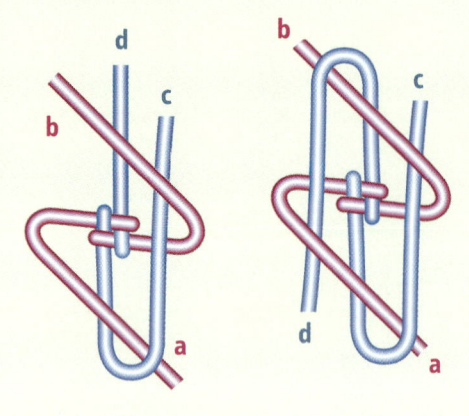

5 Auf dieselbe Art kannst du auch runde Scoubidou mit acht oder 16 Bändern machen. Dafür nimmst du die Bänder doppelt bzw. vierfach, z. B. die Gänseeltern auf Seite 32.

Technik 3: Rechteckiges Scoubidou mit sechs Bändern

1 Die Bänder durch Anfang A oder Anfang B miteinander verbinden und gemäß der Abbildung legen. Die Bänder c und e zeigen nach oben, die Bänder d und f nach unten, die Bänder a und b nach links und rechts.

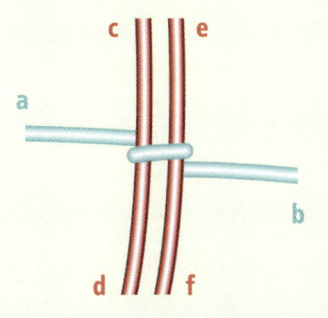

2 Die Bänder a und b über die übrigen Bänder zu Schlaufen legen.

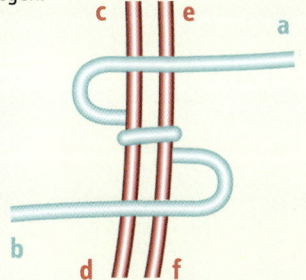

3 Wie beim Weben nun die oberen Bänder c und e und die unteren Bänder d und f in die Schlaufen einflechten.

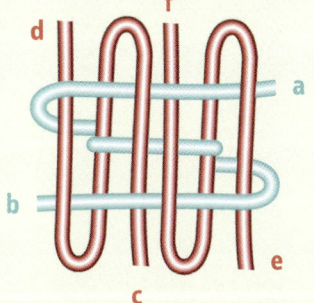

4 Die Bänder festziehen. Es entsteht ein Rechteck aus acht kleinen Karofeldern.

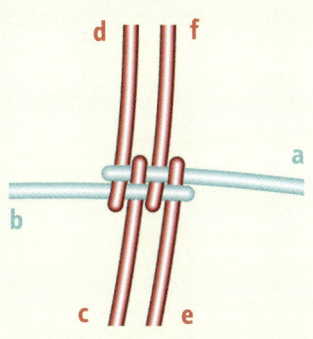

5 Erneut die beiden seitlichen Bänder a und b zu Schlaufen legen und die oberen und unteren Bänder einweben.

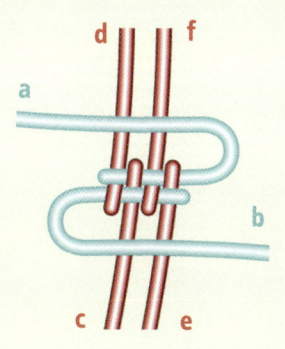

Tipp: Diese Technik kann man auch mit acht oder zehn Bändern anwenden. Dann musst du zwei bzw. vier weitere Bänder einflechten.

Technik 4: Quadratisches Scoubidou mit acht Bändern

1 Die Bänder durch Anfang C miteinander verbinden und gemäß der Abbildung legen.

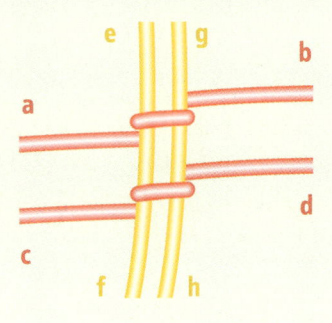

2 Die seitlichen Bänder a, b, c und d über die übrigen Bänder zu Schlaufen legen.

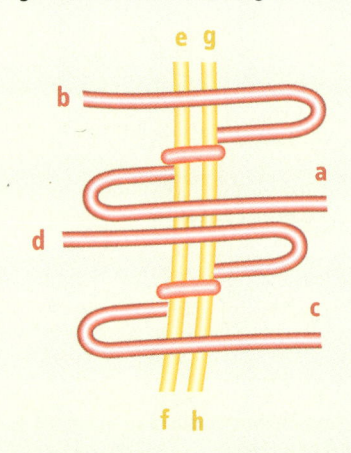

3 Wie beim Weben nun die Bänder e, f, g und h in die Schlaufen einweben.

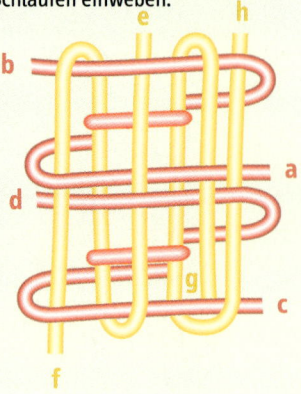

4 Die Bänder festziehen. Es entsteht ein Quadrat aus 16 kleinen Karofeldern.

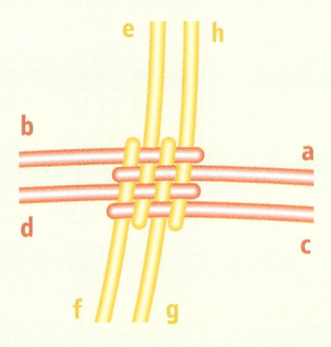

5 Erneut die seitlichen Bänder a, b, c und d zu Schlaufen legen und die Bänder e, f, g und h einweben. Gut festziehen. So bis zur gewünschten Länge fortfahren.

Technik 5: Wellenknoten

1 Der Wellenknoten besteht aus einer oder mehreren Leitschnüren oder z. B. einem Löffelstiel, die mit zwei Scoubidoubändern, auf jeder Seite einem, umknüpft werden.

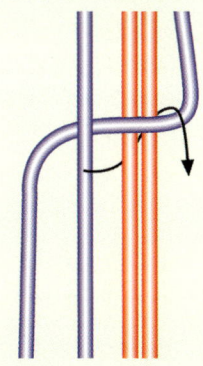

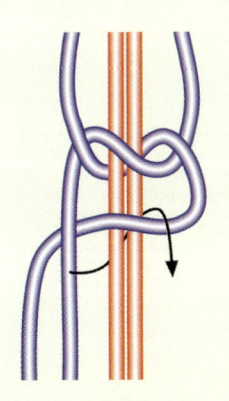

2 Lege das rechte Band waagrecht über die Leitschnüre oder den Löffelstiel. Die linke Schnur legst du darüber und dann hinter den Leitschnüren bzw. dem Stiel nach rechts durch die Schlaufe. Gut anziehen und darauf achten, dass die Leitschnüre gespannt sind.

3 Arbeite so weiter, wobei du die Schlaufe immer auf der gleichen Seite legst. Dieser Knoten dreht sich spiralförmig.

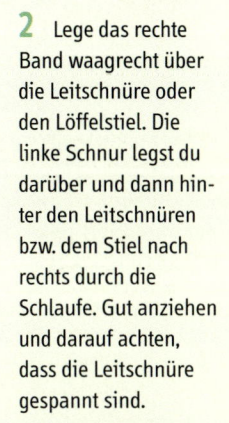

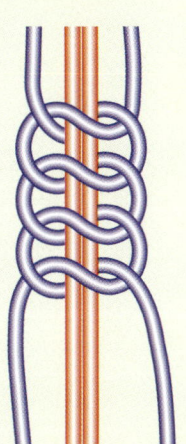

Technik 6: Weben mit Scoubidoubändern

1 Um eine Holzperle werden so genannte Kettfäden gespannt, indem du mithilfe einer Stopfnadel durch die Bohrung mehrmals ein Scoubidouband ziehst. Lass beim ersten Durchziehen das Ende des Bandes ca. 10 cm herausschauen. Dieses legst du zu den übrigen Kettfäden nach oben und verknotest es mit dem Scoubidouband an deiner Nadel.

2 Beginne mit dem Weben. Ziehe das Scoubidouband an deiner Nadel immer abwechselnd über und unter einen der Kettfäden durch.

3 Hast du die Hälfte der Perle verkleidet, schneide das restliche Scoubidouband ab und webe auf der anderen Seite mit einem neuen Scoubidouband weiter, bis die Perle nicht mehr zu sehen ist.

4 Um ein Band zu vernähen, ziehst du es mithilfe einer Stopfnadel nach rechts hinter das nächste Band und zwischen die gewebten Bänder. Hast du alle Bänder vernäht, schneide die überstehenden Bänder ab.

7

Allgemeine Tipps

♦ Die Bänder fest anzuziehen ist nicht immer einfach. Ziehe zuerst an allen Bändern möglichst gleichmäßig. Ist das Quadrat oder Rechteck sichtbar, so kannst du stärker ziehen. Manchmal ist es auch notwendig, dass du an einzelnen Bändern stärker ziehst, damit der geflochtene Knoten gleichmäßig wird. Keine Sorge: Die Scoubidoubänder sind sehr robust und reißen nicht so schnell.

♦ Achte darauf, dass du fettfreie Hände hast, sonst rutschen dir die Bänder aus der Hand und die geknüpften Knoten halten nicht.

♦ Bei eckigen Scoubidou musst du darauf achten, dass du die Bänder in der richtigen Reihenfolge legst, sonst löst sich der Knoten.

♦ Die Scoubidoubänder haben einen Hohlraum. In diesen kannst du dünnen Draht einziehen, so kannst du die Blätter der Blumen usw. in Form bringen. Außerdem ist es möglich in die Mitte der Knoten ein Stück Draht einzuarbeiten, sodass sich die Arme und Beine verbiegen lassen (z. B. die Hasen auf Seite 25).

♦ Wenn du möchtest, kannst du an die Figuren einen Schlüsselanhänger befestigen oder ein Aufhängeband knoten, sodass du dir einen schönen Osterstrauß gestalten kannst.

♦ Manche Holzperlen haben eine zu kleine Bohrung. Mithilfe eines Handbohrers kannst du die Öffnung vergrößern.

♦ Werden Perlen auf Bänder gefädelt, gibst du in die Bohrung der Perle vor dem Auffädeln etwas Klebstoff, schiebst sie auf die Bänder und hältst sie fest, bis der Klebstoff getrocknet ist.

♦ Wackelaugen und kleine Perlen klebst du am Besten mithilfe einer Pinzette auf.

♦ Werden Scoubidoubänder miteinander verknotet, um die Anzahl zu reduzieren, achte darauf, dass du immer diagonal gegenüberliegende Bänder in der Mitte verknotest. Mit den außen liegenden Bändern wird weitergearbeitet. Wenn Bänder zum Schluss verknotet werden, musst du sie auch diagonal gegenüber verknoten.

♦ Reste der Scoubidoubänder kannst du manchmal noch verwenden z. B. für die Flügel der Gänse (Seite 32).

Hinweis: Je nachdem, in welche Richtung die verschieden farbigen Bänder zeigen, entstehen unterschiedliche Muster. In manchen Anleitungen ist angegeben, wie du die Bänder anordnen musst, um den gezeigten Farbeffekt zu erzielen.

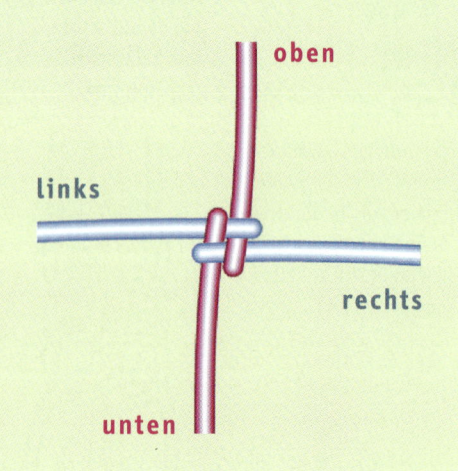

Bunter Osterschmuck

→ schön an blühenden Zweigen

MATERIAL PRO KRANZ

- je 6 Scoubidoubänder in Grün, Rosa oder Hellblau, 20 cm lang
- je 2 Scoubidoubänder in Grün, Rosa oder Hellblau, 80 cm lang
- Scoubidoubandrest in Grün, Rosa oder Hellblau, 7 cm lang
- halbes Holzei, 1,5 cm x 1 cm
- Nylonfaden, ø 0,25 mm

1 Um die sechs Scoubidoubänder, die Leitfäden sind, bei 5 cm die zwei 80 cm langen Scoubidoubänder so knoten, dass ein Band nach rechts und ein Band nach links zeigt.

2 In Technik 5 10 cm knüpfen. Die Anfangsknoten öffnen, das Scoubidou zu einem Kreis formen und mit einem 7 cm langen Band zusammenbinden. Alle Bandenden auf 3 cm kürzen. Nylonfaden in die Mitte des Kranzes knoten, darauf ein Ei kleben. Den Osterschmuck am Nylonfaden aufhängen.

Bunte Käfer

→ kribbel-krabbel

MATERIAL PRO KÄFER
- 6 Scoubidoubänder in Mintgrün, Hellblau oder Flieder, 40 cm lang
- 2 Scoubidoubänder in Schwarz, 40 cm lang
- 3 Scoubidoubänder in Schwarz, 4,5 cm lang
- Scoubidouband in Pink oder Blau, 10 cm lang (Schleifen)
- Rohholzperle, ø 1,5 cm
- 2 Wackelaugen, ø 3 mm
- Pailletten ohne Loch in Schwarz, ø ca. 3 mm
- Silberdraht, ø 0,6 mm

1 In die drei 4,5 cm langen, schwarzen Bänder Draht einziehen. Die mintgrünen, hellblauen oder fliederfarbenen und die beiden schwarzen Bänder auf einer Länge von 10 cm zusammenknoten. Je drei farbige Bänder zeigen nach oben und unten, je ein schwarzes Band nach rechts und links.

2 Einen Knoten in Technik 3 knüpfen. Den nächsten Knoten nur leicht anziehen, unter ihn mittig ein 4,5 cm langes, schwarzes Band legen, dann den Knoten festziehen. Zwei weitere Knoten knüpfen. Wieder ein Band einlegen, zwei Knoten knüpfen und nochmals ein Band dazwischen legen.

3 Zwei einander diagonal gegenüberliegende Bänder miteinander verknoten und abschneiden. Dann mit den sechs übrigen Bändern einen Knoten in Technik 3 knüpfen, wieder zwei Bänder miteinander verknoten und abschneiden.

4 Mit den restlichen vier Bändern einen Knoten in Technik 1 knüpfen. Die zwei mintgrünen, hellblauen bzw. fliederfarbenen Bänder miteinander verknoten und abschneiden. In die zwei schwarzen Bänder Draht einziehen und auf sie eine Holzperle fädeln. Zuvor einen Tropfen Klebstoff in die Öffnung der Perle geben.

5 Den Anfangsknoten wieder öffnen und zwei einander diagonal gegenüberliegende, farbige Bänder miteinander verknoten und abschneiden. Mit den sechs restlichen Bändern einen Knoten in Technik 3 knüpfen. Wieder zwei Bänder miteinander verknoten und abschneiden.

6 Mit den restlichen vier Bändern in Technik 1 einen Knoten knüpfen. Anschließend die Bänder verknoten und abschneiden.

7 Die Wackelaugen und die Pailletten aufkleben und die Beine in Form biegen.

8 Für die Schleifen das Band zu einer Schleife legen, mit etwas Silberdraht abbinden und ebenfalls aufkleben.

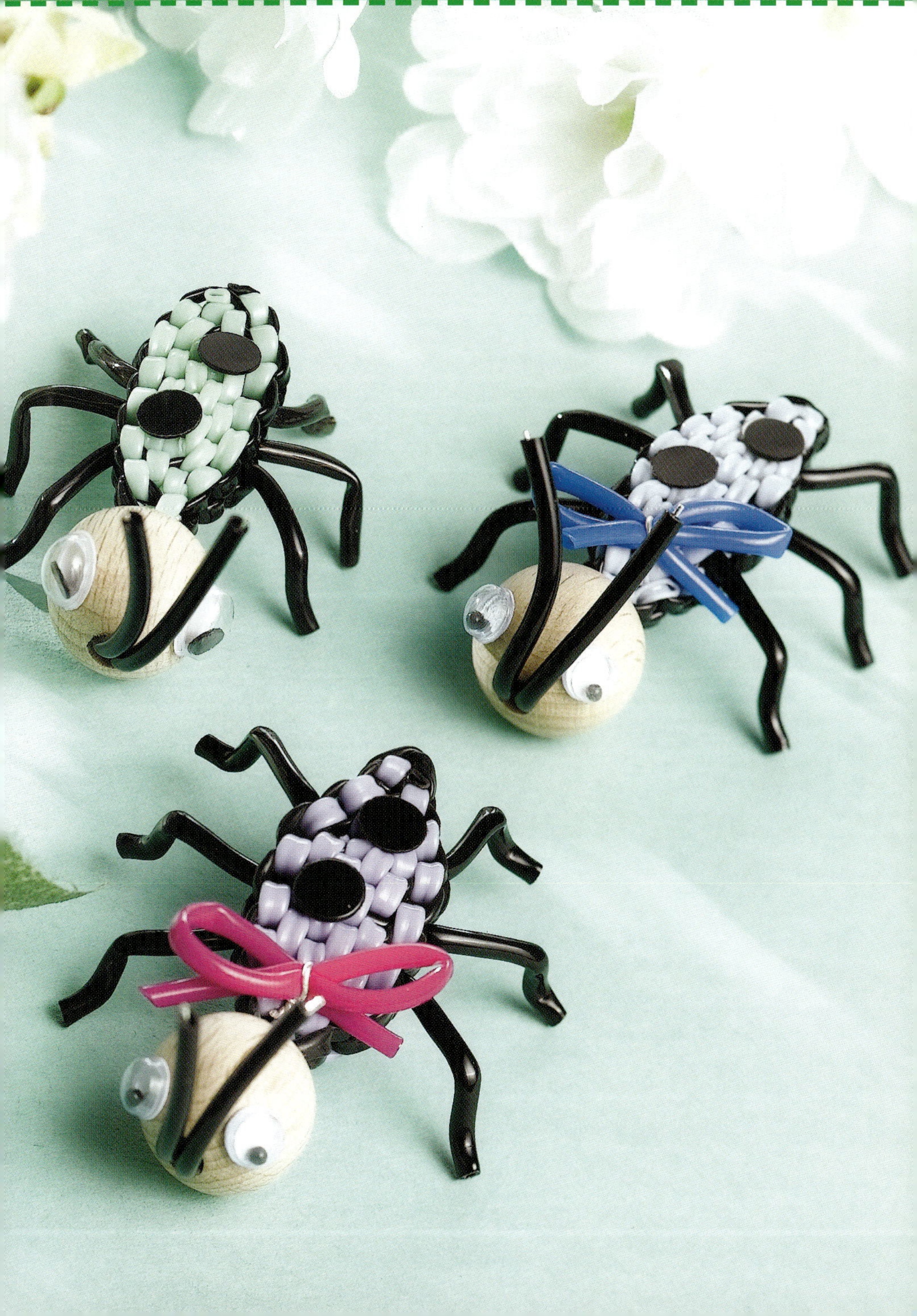

Flotte Bienen

→ witziges Mobile

MATERIAL PRO BIENE
- je 2 Scoubidoubänder in Gelb oder Gelb transparent, 80 cm lang
- 2 Scoubidoubänder in Schwarz, 6 cm lang
- 3 Scoubidoubänder in Schwarz, 1,5 cm lang
- 2 Wackelaugen, ø 3 mm
- Silberdraht, ø 0,6 mm

BLUME
- Scoubidoubänder in Grün, 2 x 40 cm lang, 1 x 9 cm lang
- 2 Scoubidoubänder in Weiß, 20 cm lang
- Scoubidoubänder in Rot, 7 x 6 cm lang, 1 x 7 cm lang, 1 x 3,5 cm lang
- Silberdraht, ø 0,6 mm

MOBILEKREUZ
- Fertigpackung Holzmobilekreuz, Länge der Stäbe: 30 cm
- je 2 Scoubidoubänder in Hell- und Dunkelblau und Türkis, 1 m lang
- Nylonfaden, ø 0,25 mm

1 Für die Blume die zwei 40 cm langen grünen Bänder gemäß Anfang B ineinander schlingen und 1 cm in Technik 2 knüpfen. In das 9 cm lange, grüne Band Draht einziehen. Den nächsten Knoten nur leicht anziehen und das 9 cm lange Band dazwischen legen. Dann den Knoten anziehen.

2 Weiter 4 cm in Technik 2 knüpfen. Danach zwei Bänder diagonal verknoten und abschneiden. Die zwei übrigen Bänder zum Befestigen des Stieles an der Blüte verwenden.

3 Die weißen Bänder gemäß Anfang C ineinander schlingen, sodass man acht Enden erhält. Nun zwei Knoten in Technik 4 knüpfen. Danach die Bänder abschneiden.

4 In alle roten Bänder Draht einziehen. Die Enden der 6 cm langen Bänder werden in die Rückseite der weißen Blütenmitte mithilfe einer Stopfnadel gezogen. Das 7 cm lange Band ebenfalls auf der Rückseite mittig einziehen und ein Ende des 3,5 cm langen Bandes einstecken.

5 Zum Schluss die Enden der grünen Bänder durch den Stiel ziehen und zum Blatt formen. Die zwei Bänder am Stiel ebenfalls mithilfe der Stopfnadel auf der Rückseite der Blütenmitte einziehen und dann abschneiden.

6 Für eine Biene zwei gelbe Bänder gemäß Anfang B ineinander schlingen. 8 cm in Technik 2 knüpfen. Die überstehenden Bänder abschneiden und die Enden des Scoubidou mit Sekundenkleber zusammenkleben.

7 Zwei schwarze, 1,5 cm lange Bänder als Fühler auf die Klebestelle kleben.

8 Das dritte, 1,5 cm lange, schwarze Band mithilfe einer Stopfnadel als Stachel in das Scoubidou ziehen.

9 In die zwei 6 cm langen, schwarzen Bänder Draht ziehen. Pro Seite die Enden der Bänder mithilfe einer Stopf-

hen und als Flügel formen. Zum Schluss die Wackelaugen aufkleben.

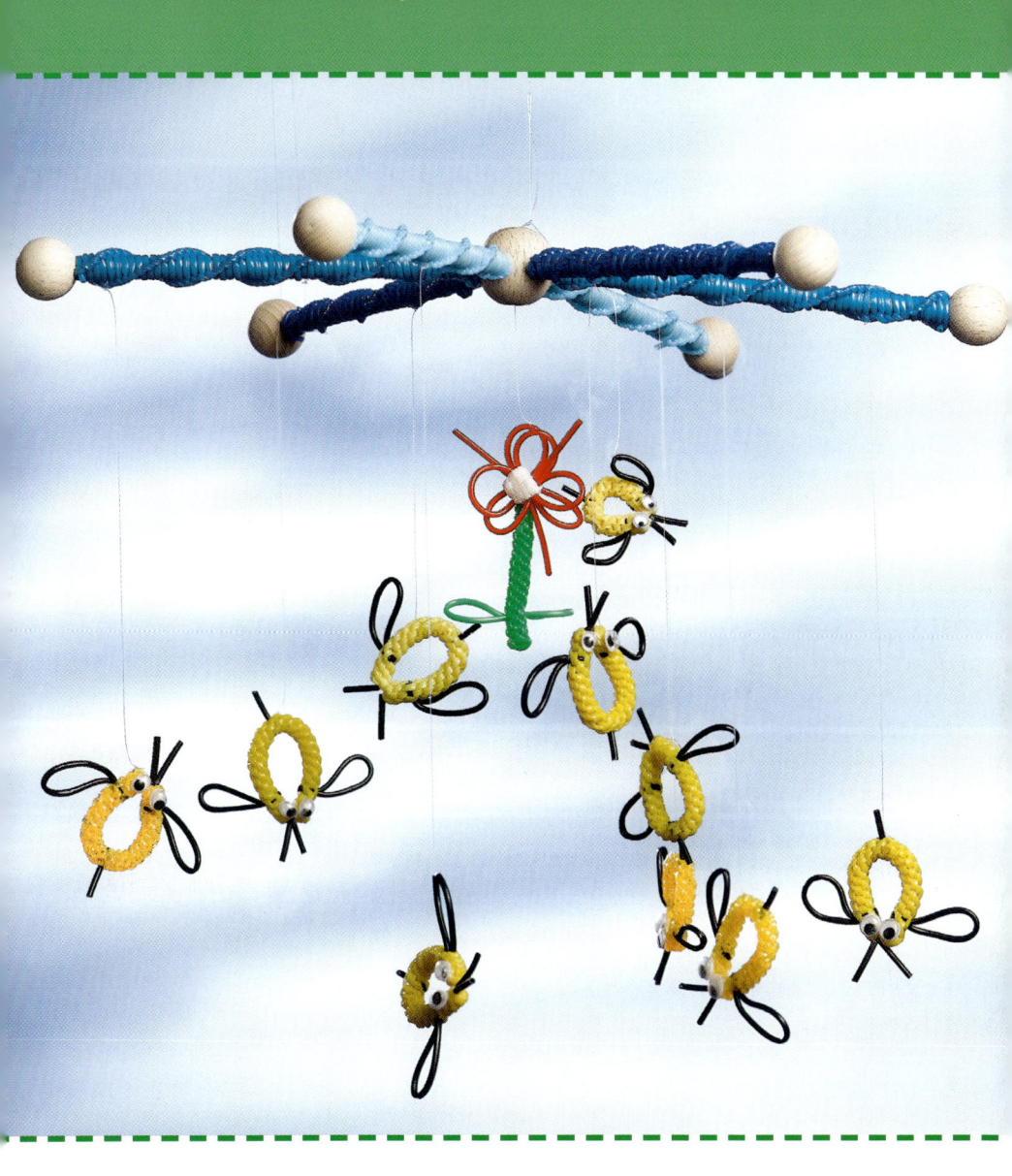

10 Auf diese Art zehn Bienen knüpfen.

11 Für das Mobilekreuz die Stäbe in Technik 5 gemäß der Abbildung umknüpfen. Dazu an einen Stab zwei Bänder knoten, sodass 5 mm des Stabes an einer Seite überstehen. Bis 5 mm vor das Ende des Stabes knüpfen, dann die Bänder mithilfe einer Stopfnadel vernähen, indem das Scoubidouband durch zwei Reihen zurückgefädelt wird.

12 Den Anfangsknoten öffnen, nochmals kräftig an den Bändern ziehen und dann vernähen. Das Mobilekreuz zusammenfügen und die Bienen und die Blume mit Nylonfaden aufhängen.

Lustiges Federvieh

→ tolle Geschenkidee

MATERIAL
HAHN
- 7 Scoubidoubänder in Braun, 80 cm lang
- 6 Scoubidoubänder in Orange, 20 cm lang
- Scoubidoubänder in Rot, Grün, Weiß, Blau und Gelb, 15 cm lang
- Scoubidouband in Rot, 10 cm lang
- Rohholzperle, ø 3 cm
- Rohholzperle, ø 2 cm
- 2 Wackelaugen, ø 6 mm
- Silberdraht, ø 0,6 mm

KÜKEN
- 3 Scoubidoubänder in Gelb, 80 cm lang
- 2 Scoubidoubänder in Gelb, 6 cm lang
- 6 Scoubidoubänder in Orange, 12 cm lang
- Rohholzperle, ø 2 cm
- Rohholzperle, ø 1,5 cm
- 2 Wackelaugen, ø 3 mm
- Silberdraht, ø 0,6 mm

HUHN
- 7 Scoubidoubänder in Weiß, 80 cm lang
- 6 Scoubidoubänder in Orange, 20 cm lang
- 4 Scoubidoubänder in Weiß, 12 cm lang
- Scoubidouband in Rot, 10 cm lang
- Rohholzperle, ø 2 cm
- Rohholzperle, ø 3 cm
- 2 Wackelaugen, ø 6 mm
- Silberdraht, ø 0,6 mm

1 Für den Hahn um die 2 cm große Holzperle mithilfe einer Stopfnadel fünf braune Kettfäden spannen. Die Hälfte der Perle in Technik 6 mit braunem Band beweben. Dann das Band mithilfe einer Stopfnadel vernähen und anschließend die andere Hälfte der Holzperle beweben.

2 Dann die 3 cm große Holzperle mit sieben Kettfäden genauso umweben und mit Sekundenkleber auf die kleine Holzperle kleben.

3 Gemäß der Abbildung mithilfe einer Stopfnadel in die kleine Holzperle zwei 20 cm lange, orangefarbene Scoubidoubänder ziehen und in Technik 2 drei Knoten für den Schnabel knüpfen. Anschließend die Bänder diagonal verknoten und abschneiden.

4 Für die Füße durch die große Perle je zweimal zwei 20 cm lange, orangefarbene Bänder ziehen und in Technik 2 1,5 cm knüpfen. Nun das nach hinten zeigende Band abschneiden und die anderen drei Bänder auf 1 cm kürzen. So entstehen die Krallen.

5 In die 15 cm langen Bänder Draht einziehen und diese mittig als Schwanz auf der Rückseite der 3 cm großen Holzperle durchziehen und formen.

6 Für den Hahnenkamm das rote, 10 cm lange Band mit Draht versehen und wellenförmig am Kopf durchziehen. Zum Schluss die Wackelaugen aufkleben.

7 Für das Küken in Technik 6 beide Holzperlen mit fünf Kettfäden bespannen und verkleiden. Dann mit Sekundenkleber die kleine auf die große Perle kleben.

8 Für den Schnabel zwei orangefarbene, 12 cm lange Scoubidoubänder gemäß der Abbildung mithilfe einer Stopfnadel durch die 1,5 cm große Perle ziehen und in Technik 2 zwei Knoten knüpfen. Anschließend die Bänder verknoten und abschneiden.

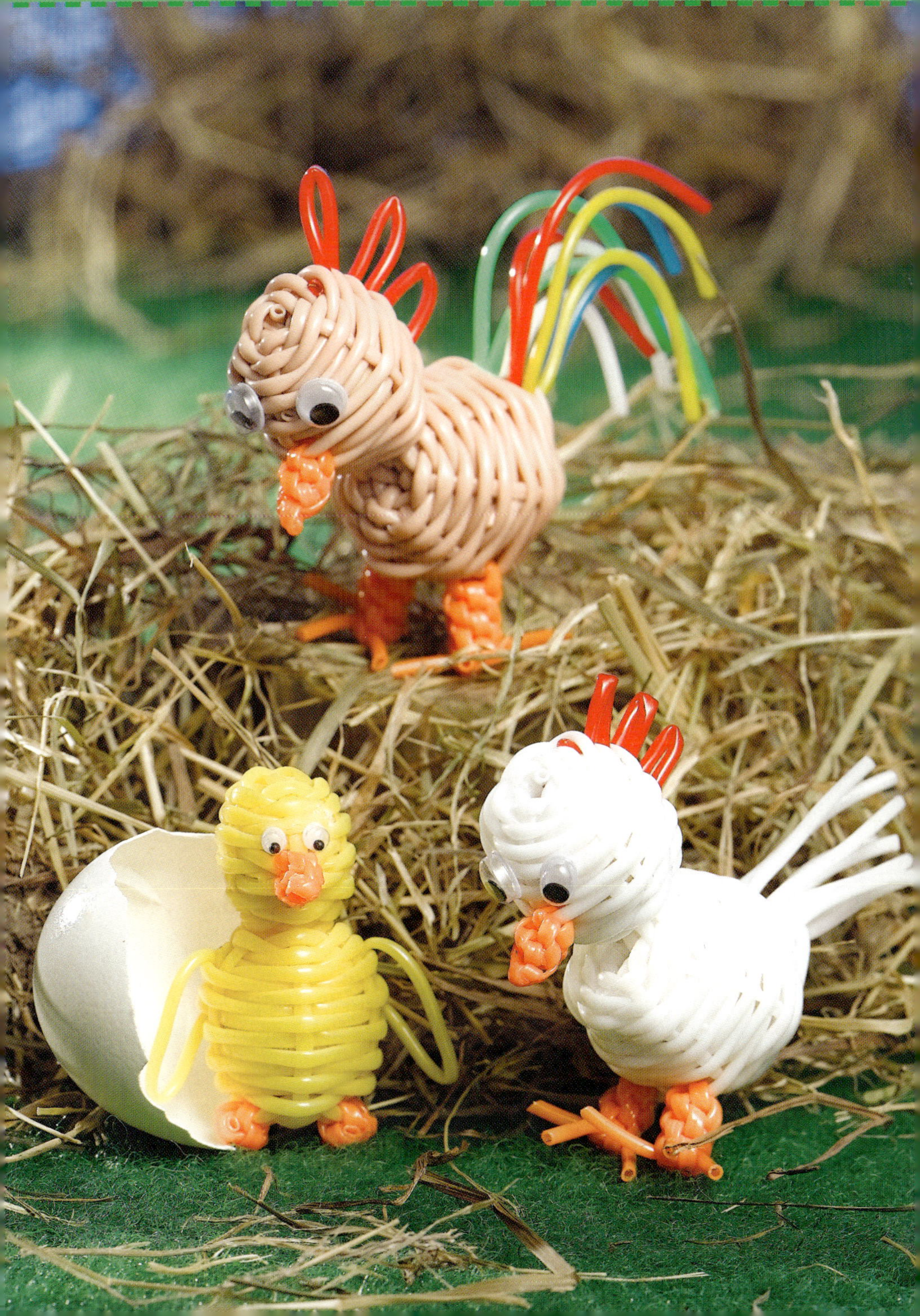

WEITERFÜHRUNG
Lustiges Federvieh

9 Jetzt zweimal zwei orangefarbene, 12 cm lange Bänder für die Füße an der 2 cm großen Perle durchziehen und zwei Knoten in Technik 2 knüpfen. Danach die Bänder abschneiden.

10 In die gelben Bänder Draht ziehen und ihre Enden an den Seiten der großen Perle als Flügel einziehen. Zum Schluss die Wackelaugen aufkleben.

11 Für das Huhn um die 2 cm große Holzperle fünf Kettfäden spannen, um die 3 cm große Holzperle sieben Kettfäden mit weißen Bändern spannen. In Technik 6 die Perlen verkleiden und dann mit Sekundenkleber die kleine Perle auf die große kleben.

12 Für den Schnabel zwei 20 cm lange, orangefarbene Bänder mithilfe einer Stopfnadel in die Mitte der kleineren Perle ziehen und drei Knoten in Technik 2 knüpfen. Dann die Bänder verknoten und abschneiden.

13 Am unteren Teil der 3 cm großen Perle für die Beine zweimal zwei orangefarbene Bänder durchziehen und 1,5 cm in Technik 2 knüpfen. Das nach hinten zeigende Band abschneiden und die anderen drei Bänder auf 1,5 cm kürzen.

14 In die 12 cm langen, weißen Bänder Draht ziehen und diese am Hinterteil der großen Perle als Schwanz mittig mithilfe einer Stopfnadel einziehen.

15 In das rote Band Draht ziehen und dieses mithilfe einer Stopfnadel wellenförmig am Kopf des Huhnes einziehen. Zum Schluss die Wackelaugen aufkleben.

Zarte Schmetterlinge

→ schön am Osterstrauch

MATERIAL PRO SCHMETTERLING
- 2 Scoubidoubänder in Schwarz, 40 cm lang
- 2 Scoubidoubänder in zwei beliebigen Farben, 14 cm lang (Flügel)
- 2 Wackelaugen, ø 5 mm
- Rohholzperle oder Holzperle in Schwarz, ø 1 cm
- evtl. 2 Holzperlen in beliebigen Farben, ø 4 mm
- Silberdraht, ø 0,6 mm
- Nylonfaden, ø 0,25 mm

1 Die zwei schwarzen Bänder gemäß Anfang B ineinander schlingen. Den Körper kann man in Technik 2 oder 5 knüpfen. Bei Technik 5 ist ein schwarzes, 10 cm langes Band der Leitfaden.

2 2 cm knüpfen und dann vor dem Festziehen des nächsten Knotens die 14 cm langen, farbigen Bänder, die zuvor mit Draht bestückt wurden, mittig einlegen.

3 Weitere 2 cm knüpfen, dann je zwei schwarze Bänder diagonal miteinander verknoten und abschneiden.

4 In die verbleibenden zwei Bänder für die Fühler Draht einziehen und sie auf eine Holzperle fädeln. Die Fühler auf die gewünschte Länge kürzen und eventuell bunte Holzperlen auf sie kleben.

5 Zum Schluss die Wackelaugen aufkleben und die Flügel des Schmetterlings formen, indem je ein Band einer Farbe nach oben und unten gelegt wird und es mithilfe eines Bleistiftes spiralförmig aufgedreht wird.

6 An Nylonfaden können die Schmetterlinge aufgehängt werden.

Tipp: Die Schmetterlinge kannst du in vielen verschiedenen Farben knüpfen und auch die Farben der Holzkugeln ganz nach deinem Geschmack aussuchen.

17

Ausgefallenes Osterkörbchen

→ bunt und witzig

MATERIAL KÖRBCHEN

- Scoubidouband in Weiß, 80 cm lang
- 2 Scoubidoubänder in Grün, 80 cm lang
- Scoubidouband in Gelb, 80 cm lang
- Scoubidouband in Orange transparent, 80 cm lang
- Scoubidouband in Rosa transparent, 2 m lang
- Scoubidouband in Weiß transparent, 2 m lang
- fertige Webschablone, ø 17 cm
- Fotokarton in Weiß, 300 g/m2

PRO EI

- Scoubidoubänder in beliebiger Farbe, 80 cm und 40 cm lang
- ovale Holzperle, 3 cm x 2 cm

1 Die Webschablone auf weißen Fotokarton übertragen und ausschneiden. Die weißen, trapezförmigen Streifen sind die so genannten Kettfäden. Zwischen zwei der Pappstreifen ein weißes Scoubidouband so hineinlegen, dass ca. 5 cm überstehen. Das Band weben, bis ca. 5 cm übrig sind.

2 Auf die gleiche Art mit folgenden Farben weiter weben: die zwei grünen Bänder, ein gelbes Band, das orangefarbene Band und je ein rosa sowie ein weiß transparentes Band.

3 Zum Schluss alle überstehenden Bänder abschneiden.

4 Für die Eier nach Technik 6 fünf Kettfäden in die Bohrung einziehen, dann an einer Seite der Perle mit dem Weben beginnen. Ist die Hälfte verkleidet, wenden und auf der anderen Seite weiter weben, bis die Perle nicht mehr zu sehen ist. Dann das Band abschneiden.

Kleines Osterkörbchen

→ bunt und witzig

1 Die 40 cm langen, lilafarbenen Bänder doppelt nehmen und gemäß Anfang C ineinander schlingen, sodass 16 Enden entstehen. Noch ein weiteres, 20 cm langes lilafarbenes Band hinzufügen, indem es in die Mitte des Knotens gezogen wird. 3 cm stehen über.

2 Die 17 Bänder gleichmäßig um das Styroporei legen und den Knoten mithilfe einer Stecknadel am dicken Teil des Eies fixieren. Die 17 Bänder nach oben um das dünne Eiende ziehen und mit einem Scoubidouband zusammenbinden.

3 Mit dem Weben am Knoten beginnen und weiter arbeiten, bis die Hälfte des Eies verkleidet ist. Die Bänder bis auf je zwei gegenüberliegende Bänder wieder lösen. Diese werden später zum Henkel verdreht.

4 Die restlichen Bänder vernähen, dann die gesamte Arbeit wenden, damit man die vernähten Bänder nicht sieht.

5 Die vier Bänder für den Henkel miteinander verdrehen und die Enden vernähen. Das neongelbe Band zur Schleife legen und mit Silberdraht an den Henkel binden.

6 Für die Eier zwei Bänder gemäß Anfang A ineinander schlingen, dann einen Knoten in Technik 2 knüpfen. Einen weiteren Knoten in Technik 2 knüpfen, vor dem Festziehen zwei weitere Bänder über Kreuz mittig in den Knoten legen, dann den Knoten anziehen.

7 Mit den acht Bändern vier Knoten in Technik 2 knüpfen. Auf jeder Seite ein Band abschneiden, mit den restlichen vier Bändern zwei weitere Knoten in Technik 2 arbeiten. Die Bandenden abschneiden.

MATERIAL KÖRBCHEN

- 8 Scoubidoubänder in Lila, 40 cm lang
- Scoubidouband in Lila, 20 cm lang
- Scoubidouband in Neongelb, 10 cm lang
- Styroporei, 6 cm x 4,5 cm
- Silberdraht, ø 0,6 mm

PRO EI

- 4 Scoubidoubänder in beliebigen Farben, 20 cm lang

Familie Schaf

→ süß und frech

Mama und Papa

1 Die 16 Bänder bei 10 cm locker zusammenknoten. Je vier Bänder nach links, rechts, oben und unten legen und 3 cm in Technik 2 knüpfen.

2 Den lockeren Knoten öffnen, die Bänder nach rechts, links, oben und unten legen. Danach die vier oberen und die vier rechten Bänder abschneiden. Aus den restlichen zweimal vier Bändern die 1 cm langen Beine in Technik 2 knüpfen. Dabei nach dem ersten Knoten ein Stück Draht (ø 1 mm) in die Mitte des Knotens legen und dann um den Draht herumknüpfen. Anschließend die Bänder abschneiden.

3 Aus den 16 Bänder auf der anderen Körperseite aus den linken und unteren vier Bändern in Technik 2 die Beine auf eine Länge von 1 cm knüpfen. Jetzt sind es noch acht Bänder, die nach oben und rechts zeigen. Zwei Bänder von jeder Seite abschneiden und mit den übrigen vier Bändern den Hals in Technik 2 1 cm knüpfen. Den nächsten Knoten am Hals nur leicht anziehen und ein 10 cm langes, schwarzes Band mittig einlegen, dann den Knoten anziehen. Mit den sechs Bändern drei Knoten in Technik 2 knüpfen, dann diagonal verknoten und abschneiden.

4 Für das Schwänzchen zwei 10 cm lange, schwarze Bänder mithilfe einer Stopfnadel am Hinterteil einziehen und zwei Knoten in Technik 2 knüpfen, dann die Enden abschneiden.

5 Für die Ohren auf beiden Seiten ein 3 cm langes, mit Draht versehenes Scoubidouband einziehen und formen. Zum Schluss die Wackelaugen und die Holzperle als Nase aufkleben.

Lamm

1 Die acht Bänder bei 10 cm zusammenknoten und je zwei Bänder nach links, rechts, oben und unten legen, dann 2 cm in Technik 2 knüpfen.

2 Den Anfangsknoten öffnen und mit je vier Bändern in Technik 2 ein Bein 1 cm lang knüpfen, nach dem ersten Knoten ein 1 cm langes Drahtstück (ø 1 mm) in die Mitte des Knotens legen und um ihn herum knüpfen. Die überstehenden Bänder abschneiden.

3 An einem Ende des Körpers zwei 10 cm lange, weiße Bänder mithilfe einer Stopfnadel einziehen und für den Hals drei Knoten in Technik 2 knüpfen. Den nächsten Knoten leicht anziehen und zwischen ihn ein 10 cm langes, weißes Band legen, dann den Knoten festziehen. Drei Knoten in Technik 2 knüpfen, anschließend die Bänder verknoten und abschneiden.

4 In die 3 cm langen Bänder Draht (ø 0,6 mm) ziehen. Ein Band als Schwanz einziehen, die Enden der anderen zwei Bänder am Kopf einziehen und zu Ohren formen. Zum Schluss die Wackelaugen und die Rocaille aufkleben.

**MATERIAL
MAMA UND PAPA**
- 16 Scoubidoubänder in Schwarz oder Weiß, 40 cm lang
- 2 Scoubidoubänder in Schwarz oder Weiß, 10 cm lang
- 2 Scoubidoubänder in Schwarz oder Weiß, 3 cm lang
- Holzperle in Weiß oder Schwarz, ø 4 mm
- je 2 Wackelaugen, ø 3 mm
- Silberdraht, ø 1 mm

LAMM
- 8 Scoubidoubänder in Weiß, 40 cm lang
- 3 Scoubidoubänder in Weiß, 10 cm lang
- 3 Scoubidoubänder in Weiß, 3 cm lang
- 2 Wackelaugen, ø 3 mm
- Rocaille in Rosa, ø 2,6 mm
- Silberdraht, ø 1 mm und 0,6 mm

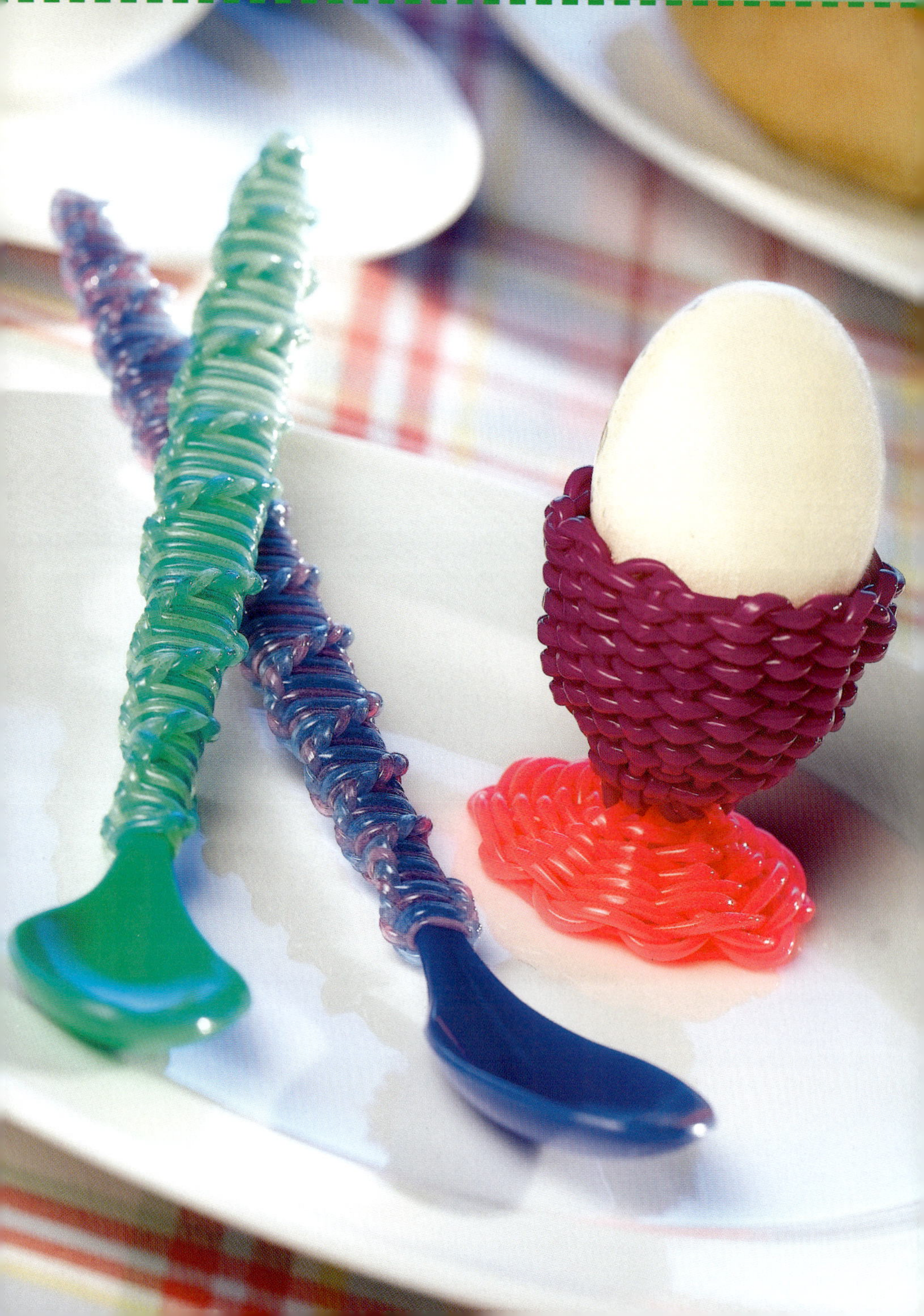

Für das Osterfrühstück

→ Eierbecher und Löffel

MATERIAL EIERBECHER

- Styroporei, 6 cm x 4,5 cm
- 8 Scoubidoubänder in Lila, 40 cm lang
- 3 Scoubidoubänder in Lila, 80 cm lang
- Scoubidouband in Lila, 20 cm lang
- 4 Scoubidoubänder in Rosa, 20 cm lang
- Scoubidouband in Rosa, 10 cm lang
- Scoubidouband in Rosa, 80 cm lang

EIERLÖFFEL

- Plastik-Eierlöffel in Blau oder Grün
- 1 Scoubidouband in Lila und Blau transparent oder in Hell- und Dunkelgrün transparent, 1 m lang

Eierbecher

1 Die 40 cm langen, lila Bänder doppelt nehmen und gemäß Anfang C ineinander schlingen, sodass 16 Enden entstehen. In die Mitte des entstehenden Knotens ein zusätzliches 20 cm langes Band stecken und es unten 3 cm herausschauen lassen.

2 Die 17 Bänder um das dicke Ende des Styroporeies legen. Den Knoten mit einer Stecknadel fixieren und alle Bänder gemeinsam am oberen, dünnen Teil des Eies mit einem Scoubidouband zusammenbinden. Dann die Bänder gleichmäßig um das Ei legen.

3 Mithilfe einer Stopfnadel, an der das 80 cm lange, lila Scoubidouband aufgefädelt ist, mit dem Weben nach Technik 6 beginnen, bis die Hälfte des Eies verkleidet ist. Die zusammengebundenen 17 Bänder lösen und alle auf der rechten Seite vernähen. Jetzt die gewebte Arbeit wenden, so sind die vernähten Bänder nicht sichtbar.

4 Zweimal zwei rosafarbene, 20 cm lange Bänder über kreuz am unteren Becher mithilfe einer Stopfnadel mittig einziehen, so erhält man acht Enden. Nochmals ein 10 cm langes, rosafarbenes Band bis auf 1 cm einziehen.

5 Sieben Runden mit dem 80 cm langen Band weben. Dann die Bänder wie oben beschrieben vernähen.

Eierlöffel

1 Zuerst ein blaues und ein lila Band an den Stielanfang des Löffels binden. Das blaue Band nach rechts, das lila Band nach links legen.

2 In Technik 5 den gesamten Löffelstiel knoten.

3 Anschließend den Anfangsknoten öffnen, nochmals an den Bändern ziehen und die Bänder vernähen indem sie mithilfe einer Stopfnadel zwei Reihen zurückgefädelt werden. Danach abschneiden.

Familie Langohr

→ auf Sonntagsausflug

Hasenkind

1 Die acht braunen Scoubidoubänder bei 10 cm locker zusammenknoten und je drei Bänder nach oben und unten legen. Je ein Band zeigt nach links und rechts.

2 Für den Körper 3 cm in Technik 3 knüpfen. Den Knoten wieder lösen und mit je vier Bändern in Technik 2 2,5 cm für die Ohren knüpfen. Dabei nach dem ersten Knoten ein 2,5 cm langes Stück Draht in die Mitte des Knotens legen und um diesen herumknüpfen. Dann die überstehenden Bänder abschneiden.

3 Die Beine mit den Bändern auf der anderen Seite des Körpers in Technik 2 2 cm lang knüpfen. Dann als Füße je eine Holzperle auf die Bänder ziehen. Vorher in die Bohrung einen Tropfen Klebstoff geben. Nach dem Trocknen die überstehenden Bänder abschneiden.

4 Auf beiden Seiten des Körpers mithilfe einer Stopfnadel je zwei 20 cm lange, braune Bänder einziehen und in Technik 2 2 cm knüpfen. Dann wie bei den Füßen beschrieben Holzperlen als Hände anbringen.

5 Zum Schluss die rote Holzperle und die Wackelaugen aufkleben. In die Bohrung der roten Holzperle einen Tropfen Klebstoff geben, mittig drei 3 cm lange Nylonfäden einziehen. Mithilfe des Silberdrahtes eine hellblaue Schleife umbinden.

Eltern

1 Acht Bänder doppelt nehmen und gemäß Anfang C ineinanderschlingen. Je vier Bänder zeigen nach links, rechts, oben und unten.

2 Sechs Knoten für den Körper in Technik 2 knüpfen, danach je zwei Bänder von oben und unten und je zwei Bänder von links und rechts miteinander verknoten und abschneiden.

3 Über die restlichen acht Bänder die dunkelbraune Holzperle ziehen, mit je vier Bändern in Technik 2 die Ohren 2,5 cm lang knüpfen.

4 Mithilfe einer Stopfnadel je zwei 20 cm lange Scoubidoubänder auf der rechten und linken Körperseite des Hasen einziehen und in Technik 2 einen Knoten knüpfen. In dessen Mitte ein 3 cm langes Drahtstück stecken, um dieses herum 3 cm knüpfen. Die Rohholzperlen über die Bänder als Hände ziehen, zuvor einen Tropfen Klebstoff in die Perlenöffnung geben. Dann die überstehenden Bänder abschneiden.

5 Für die Beine des Hasen am Körperende je zwei 40 cm lange, braune Bänder einziehen und 5,5 cm in Technik 2 knüpfen. Dabei nach dem ersten Knoten ein 5,5 cm langes Stück Draht in die Mitte des Knotens legen. Die überstehenden Bänder abschneiden und die Schuhe mit Sekundenkleber ankleben.

6 Auf die große Holzperle die Wackelaugen und die rote Holzperle kleben. In die rote Holzperle mittig drei 3,5 cm lange Nylonfäden ziehen. Vorher einen Tropfen Klebstoff in die Perlenöffnung geben. Dann mithilfe des Silberdrahtes den Hasen eine rosa oder hellblaue Schleife umbinden.

MATERIAL
HASENKIND

- 8 Scoubidoubänder in Braun, 40 cm lang
- 4 Scoubidoubänder in Braun, 20 cm lang
- Scoubidouband in Hellblau, 10 cm lang
- 2 ovale Wackelaugen, 8 mm x 5 mm
- Holzperle in Rot, ø 4 mm
- 4 Rohholzperlen, ø 8 mm
- Nylonfaden, ø 0,25 mm
- Silberdraht, ø 1 mm

PRO ELTERNTEIL

- 16 Scoubidoubänder in Braun, 80 cm lang
- 4 Scoubidoubänder in Braun, 40 cm lang
- 4 Scoubidoubänder in Braun, 20 cm lang
- Scoubidouband in Hellblau oder Rosa, 10 cm lang
- 2 ovale Wackelaugen, 5 mm x 8 mm
- 2 Rohholzperlen, ø 8 mm
- Holzperle in Dunkelbraun, ø 2 cm
- Holzperle in Rot, ø 4 mm
- 2 Rohholzschuhe, 2,5 cm lang
- Silberdraht, ø 1 mm
- Nylonfaden, ø 0,25 mm

MATERIAL
KLEINE KAROTTE
(für eine Karotte)

- 2 Scoubidoubänder in Orange, 30 cm lang
- 11 Scoubidoubänder in Grün, 7 cm lang

GROSSE KAROTTE
(für eine Karotte)

- 4 Scoubidoubänder in Orange oder Grün, 80 cm lang
- 8 Scoubidoubänder in Orange oder Grün, 8 cm lang
- Silberdraht, ø 1 mm

HASE

- 6 Scoubidoubänder in Orange, 80 cm lang
- 8 Scoubidoubänder in Orange transparent, 40 cm lang
- Scoubidouband in Gelb, 2,5 cm lang
- Rohholzperle, ø 3 cm
- Rohholzperle, ø 2,5 cm
- Holzperle in Rot, ø 8 mm
- 2 Holzschuhe, 2,5 cm lang
- 2 Wackelaugen, ø 8 mm
- Nylonfaden, ø 0,25 mm
- Silberdraht, ø 1 mm

Witziger Ostertisch
→ ein echter Hingucker

Kleine Karotte

1 Um ein grünes Band zwei orangefarbene Bänder knoten, die orangefarbenen Bänder nach rechts und links legen. Zwei Knoten in Technik 5 knüpfen, den nächsten Knoten nur leicht anziehen und zwei grüne Bänder links und rechts vom bereits vorhandenen, grünen Band mittig einlegen. Dann den Knoten anziehen.

2 Nun wieder zwei Knoten knüpfen und beim nächsten Knoten wieder zwei grüne Bänder hinzufügen. Diesen Vorgang noch dreimal wiederholen, den letzten Knoten kräftig anziehen und die orangefarbenen Bänder vernähen indem sie durch zwei Reihen mithilfe einer Stopfnadel zurückgefädelt werden. Anschließend die Bänder abschneiden.

3 Den Anfangsknoten öffnen, nochmals fest anziehen und das Band vernähen, dann abschneiden. Zum Schluss die grünen Bänder auf verschiedene Längen kürzen.

Tipp: Die grünen Bänder können ruhig etwas überstehen, wenn du sie zu den anderen grünen Bändern hinzufügst. Du kannst sie an der Spitze zum Schluss mit einer Nagelschere abschneiden, sodass man sie nicht mehr sieht.

Große Karotte

1 Die vier orangefarbenen oder grünen, 80 cm langen Bänder bei 15 cm zusammenknoten. Einen Knoten je nach Wunsch in Technik 1 oder 2 knüpfen. Ein 15 cm langes Drahtstück in die Mitte des Knoten legen und weiter um den Draht herum 14 cm knüpfen.

2 Den Anfangsknoten öffnen und zwei gegenüberliegende Bänder abschneiden. Auf der anderen Seite ebenfalls zwei Bänder abschneiden.

3 Den Scoubidoustrang in Karottenform biegen und mit den übrig gebliebenen Bändern 1 cm knüpfen, dann die Bänder verknoten und die Enden abschneiden.

4 Die 8 cm langen, orangefarbenen oder grünen Bänder mithilfe einer Stopfnadel gemäß der Abbildung mittig einziehen und auf verschiedene Längen kürzen.

Hase

1 Um die große Holzperle mit den langen Bändern sieben, um die kleinere fünf Kettfäden spannen und in Technik 6 verkleiden. Die zwei verkleideten Perlen miteinander verbinden, dazu ein 10 cm langes Stück orangefarbenes Band durch die obere Seite der großen Perle und durch die untere Seite der kleinen Perle ziehen, miteinander verknoten und die Enden abschneiden.

2 Am Kopf zweimal zwei 40 cm lange, orangefarbene Bänder für die Ohren mithilfe einer Stopfnadel mittig einziehen und in Technik 2 4 cm knüpfen. Nach dem ersten Knoten ein 4 cm langes Drahtstück in den Knoten stecken, dann um den Draht herumknüpfen. Die Bandenden abschneiden.

3 Für die Arme zweimal zwei 40 cm lange, orangefarbene Bänder an den Seiten der großen Perle einziehen und 2,5 cm in Technik 2 knüpfen. Nach dem ersten Knoten 2,5 cm Draht einstecken und um diesen herum knüpfen. Die Bandenden abschneiden.

4 In das gelbe Band Draht ziehen und als Mund aufkleben. Wackelaugen, die rote Holzperle und die Holzschuhe ebenfalls ankleben. Die Ohren in Form biegen. In die rote Perle etwas Klebstoff geben und fünf 5 cm lange Nylonfäden mittig einkleben.

Bunte Blumenwiese

→ ganz poppig

MATERIAL OSTERGLOCKEN
(erste und dritte Blume von rechts)

- 2 Scoubidoubänder in Grün oder Grün transparent, 40 cm lang
- 2 Scoubidoubänder in Grün oder Grün transparent, 6 cm und 7 cm lang
- 2 Scoubidoubänder in Orange oder Orange transparent, 40 cm lang
- 2 Scoubidoubänder in Orange oder Orange transparent, 20 cm lang
- 8 Scoubidoubänder in Gelb oder Gelb transparent, 7 cm lang
- Silberdraht, ø 1 mm

GÄNSEBLÜMCHEN
(zweite Blume von links und von rechts)

- 2 Scoubidoubänder in Grün oder Grün transparent, 40 cm lang
- 6 oder 8 Scoubidoubänder in Weiß, 3 cm lang
- 2 Scoubidoubänder in Grün oder Grün transparent, 15 cm lang
- 4 Scoubidoubänder in Neongelb oder Gelb transparent, 20 cm lang

FRÜHLINGSBLUME IN ORANGE
(linke Blume)

- 2 Scoubidoubänder in Mintgrün, 20 cm lang
- 2 Scoubidoubänder in Mintgrün, 10 cm lang
- 4 Scoubidoubänder in Orange transparent, 20 cm lang
- Silberdraht, ø 0,6 mm

FRÜHLINGSBLUME IN ROSA UND GELB
(dritte Blume von links)

- 2 Scoubidoubänder in Neongrün, 40 cm lang
- Scoubidouband in Neongrün, 10 cm lang
- Scoubidouband in Gelb, 20 cm lang
- 4 Scoubidoubänder in Gelb, 40 cm lang
- Scoubidouband in Rosa, 20 cm lang
- Silberdraht, ø 0,6 mm

Osterglocken

1 Für den Stiel der Osterglocke zwei grüne Scoubidoubänder gemäß Anfang B miteinander verbinden. Zwei Knoten nach Wunsch in Technik 1 oder 2 knüpfen.

2 In die 6 cm und 7 cm langen, grünen Bänder Draht einziehen, dann den nächsten Knoten knüpfen und vor dem Anziehen die beiden mit Draht versehenen Bänder mittig einlegen und den Knoten festziehen. Weitere 4,5 cm knüpfen, die Bandenden nicht abschneiden.

3 Für die Blüte die orangefarbenen Bänder gemäß Anfang C miteinander verbinden. Ein weiteres 20 cm langes Band zu den acht hinzufügen, indem es durch die Mitte des ersten Anfangsknotens gezogen wird. Mit einem weiteren 20 cm langen, orangefarbenen Band um die neun Bänder weben. Den Daumen auf das Gewebte halten und den Kelch der Osterglocke formen. Ist ein Durchmesser von 2 cm erreicht, alle Bänder vernähen. Dabei darauf achten, dass das Band, welches vernäht wird, hinter dem nächst liegenden Band vernäht wird.

4 In die acht gelben Bänder Draht einziehen und ihre Enden auf der Rückseite des Kelches so einziehen, dass eine Blattform entsteht.

5 Zum Schluss den Stiel befestigen, dazu zwei Bänder diagonal verknoten und dann abschneiden. Die anderen beiden Bänder auf die Rückseite der Osterglocke ziehen, dann die überstehenden Bänder abschneiden.

Gänseblümchen

1 Den Stiel in Technik 2 oder in Technik 5 mit zwei Bändern in Grün knüpfen. Für Technik 5 als Leitfaden ein grünes Scoubidouband verwenden. Nach zwei Knoten ein 15 cm langes, mit Draht versehenes, grünes Band mittig einlegen. Die Enden der Bänder zum Schluss mit-

WEITERFÜHRUNG

Bunte Blumenwiese

hilfe einer Stopfnadel nochmals durch den Stiel ziehen und ein Blatt formen. Dann 5 cm knüpfen.

2 Zwei Bänder diagonal miteinander verknoten und abschneiden. Die anderen beiden Bänder werden später zum Befestigen an der Blüte benötigt.

3 Für die Blüte vier gelbe Bänder gemäß Anfang C miteinander verbinden und in Technik 4 zwei Knoten knüpfen, fest anziehen und die überstehenden Bänder abschneiden.

4 In die weißen Bänder Draht einziehen und sie mithilfe einer Stopfnadel auf der Rückseite der gelben Knoten einziehen. Die beiden Bänder am Stiel ebenfalls mit der Stopfnadel auf die Rückseite durchziehen. Überstehende Bänder abschneiden.

Frühlingsblume in Orange

1 Den Stiel 1 cm in Technik 5 knüpfen, ein 10 cm langes, mintgrünes Band dient als Leitfaden. Vor dem Festziehen des nächsten Knotens ein mit Draht bestücktes, 10 cm langes, grünes Band mittig einlegen und den Knoten anziehen.

2 Weitere 4 cm knüpfen, dann zwei Bänder verknoten und die Enden abschneiden. Mit den restlichen zwei Bändern später den Stiel an der Blüte befestigen.

3 Für das Innere der orangefarbenen Blüte vier 20 cm lange, orangefarbene Bänder gemäß Anfang C miteinander verbinden und in Technik 4 zwei Knoten knüpfen. Dann die überstehenden Bänder mithilfe einer Stopfnadel auf die Rückseite der Blütenmitte ziehen, so entstehen die Blätter.

4 Die zwei Bänder am Stiel ebenfalls mit der Stopfnadel durchziehen und dann die überstehenden Bänder abschneiden.

Frühlingsblume in Rosa und Gelb

1 Zwei 40 cm lange, grüne Bänder gemäß Anfang B miteinander verbinden und 1 cm in Technik 2 knüpfen. Vor dem nächsten Knoten ein mit Draht versehenes, 10 cm langes, grünes Band mittig einlegen und weitere 3 cm knüpfen.

2 Zwei Bänder diagonal miteinander verknoten und abschneiden. Mit den anderen beiden Bändern später an der Blüte befestigen.

3 Für die Blüte die 40 cm langen, gelben Bänder gemäß Anfang C miteinander verbinden und ein weiteres gelbes, 20 cm langes Band hinzufügen, indem es durch die Mitte des Knotens mittig gelegt wird. Dies sind die Kettbänder.

4 Um die gelben Kettbänder herum das rosa Band einflechten und nach 1 cm vernähen. Die Enden der gelben Bänder mithilfe einer Stopfnadel durch die rosa Blütenmitte als Blätter ziehen. Zum Schluss den Stiel befestigen indem die beiden grünen Bänder am Stiel mithilfe einer Stopfnadel auf der Rückseite der Blüte durchgezogen werden. Die Enden abschneiden.

Im Gänsemarsch

→ fein gemacht

Große Gans

1 Die 80 cm langen weißen Bänder doppelt nehmen und gemäß Anfang C ineinander schlingen, sodass links und rechts, oben und unten vier Bänder liegen.

2 Drei Knoten in Technik 2 für den Gänsekörper knüpfen. Auf jeder Seite drei der vier Bänder abschneiden. Mit den restlichen vier Bändern in Technik 2 einen 1,5 cm langen Hals knüpfen. Den nächsten Knoten knüpfen und vor dessen Festziehen über Kreuz zweimal zwei 20 cm lange, weiße Bänder mittig einlegen. Jetzt liegen je drei Bänder in jede Richtung.

3 Den Kopf mit zwei Knoten in Technik 2 knüpfen, dann zwei Bänderstränge, bestehend aus je drei Scoubidoubändern, diagonal verknoten, diese und die anderen beiden Bänderstränge abschneiden.

4 Für den Schnabel in der Kopfmitte zwei 20 cm lange, orangefarbene Bänder mithilfe einer Stopfnadel mittig einziehen und drei Knoten in Technik 2 knüpfen, dann die Bänder diagonal verknoten und abschneiden.

5 Für die Beine jeweils zweimal zwei orangefarbene, 20 cm lange Bänder einziehen und 1,5 cm in Technik 2 knüpfen. Dann das hinten liegende Band abschneiden, die anderen drei Bänder auf 6 mm kürzen.

6 Für die Flügel an den Seiten die Enden eines mit Draht versehenen, 6 cm langen, weißen Bandes einziehen. Die Wackelaugen aufkleben. Das rote bzw. blaue Band zu einer Schleife legen und diese mit Silberdraht um den Hals binden.

Gänsekind

1 Die vier weißen, 40 cm langen Bänder gemäß Anfang C miteinander verbinden und drei Knoten in Technik 2 knüpfen.

2 Auf jeder Seite ein Band abschneiden und mit den verbleibenden vier Bändern 1,5 cm in Technik 2 knüpfen. Einen weiteren Knoten knüpfen und vor dem Festziehen ein 20 cm langes, weißes Band mittig einlegen. Zwei Knoten in Technik 2 knüpfen, dann die Bänder diagonal verknoten und abschneiden.

3 Für den Schnabel zwei orangefarbene Bänder mithilfe der

MATERIAL PRO GROSSE GANS

- 8 Scoubidoubänder in Weiß, 80 cm lang
- 2 Scoubidoubänder in Weiß, 6 cm lang
- 4 Scoubidoubänder in Weiß, 20 cm lang
- 6 Scoubidoubänder in Orange, 20 cm lang
- Scoubidouband in Rot oder Blau, 10 cm lang
- 2 Wackelaugen, ø 5 mm
- Silberdraht, ø 0,6 mm

GÄNSEKIND

- 4 Scoubidoubänder in Weiß, 40 cm lang
- Scoubidouband in Weiß, 20 cm lang
- 2 Scoubidoubänder in Weiß, 6 cm lang
- 2 Scoubidoubänder in Orange, 20 cm lang
- Scoubidouband in Rot, 8 cm lang
- Wackelaugen, ø 3 mm
- Silberdraht, ø 0,6mm

> **WEITERFÜHRUNG**
> ## Im Gänsemarsch

Stopfnadel mittig am Kopf einziehen und zwei Knoten in Technik 2 knüpfen. Dann die Bänder verknoten und abschneiden.

4 Für die Füße zweimal zwei orangefarbene Bänder unten am Körper mittig einziehen und je drei Knoten in Technik 2 knüpfen. Anschließend das nach hinten zeigende Band abschneiden und die anderen Bänder auf 6 mm kürzen.

5 An den beiden Körperseiten mithilfe einer Stopfnadel die Enden eines je 6 cm langen, weißen Bandes für die Flügel einziehen.

6 Die Wackelaugen aufkleben und wie bei den Eltern beschrieben eine Schleife anbringen.

IMPRESSUM

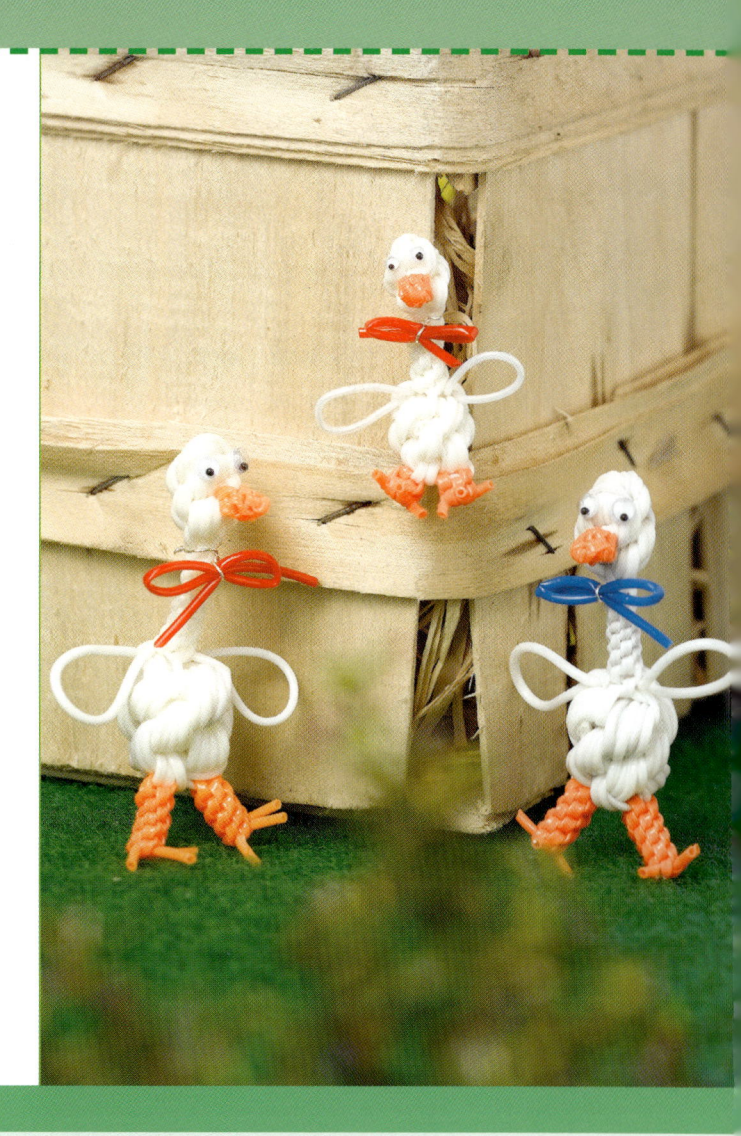

FOTOS: frechverlag GmbH, 70499 Stuttgart; Fotostudio Ullrich & Co., Renningen
DRUCK: frechdruck GmbH, 70499 Stuttgart

Materialangaben und Arbeitshinweise in diesem Buch wurden von der Autorin und den Mitarbeitern des Verlags sorgfältig geprüft. Eine Garantie wird jedoch nicht übernommen. Autorin und Verlag können für eventuell auftretende Fehler oder Schäden nicht haftbar gemacht werden. Das Werk und die darin gezeigten Modelle sind urheberrechtlich geschützt. Die Vervielfältigung und Verbreitung ist, außer für private, nicht kommerzielle Zwecke, untersagt und wird zivil- und strafrechtlich verfolgt. Dies gilt insbesondere für eine Verbreitung des Werkes durch Fotokopien, Film, Funk und Fernsehen, elektronische Medien und Internet sowie für eine gewerbliche Nutzung der gezeigten Modelle. Bei Verwendung im Unterricht und in Kursen ist auf dieses Buch hinzuweisen.

Auflage:	5.	4.	3.	2.	1.	
Jahr:	2008	2007	2006	2005	2004	[Letzte Zahlen maßgebend]

© 2004 frechverlag GmbH, 70499 Stuttgart

ISBN 3-7724-3331-6
Best.-Nr. 3331